D0579525

T1-AXT-460

NO LONGER PROPERTY OF
ANYTHINK LIBRARIES/
RANGEVIEW LIBRARY DISTRICT

Los saltamontes

INSECTOS FASCINANTES

Aaron Carr

SPANISH & ENGLISH eBOOKS
AV²
BY WEIGL™
ADDED VALUE · AUDIO VISUAL

www.av2books.com

Visita nuestro sitio **www.av2books.com** e ingresa el código único del libro.
Go to www.av2books.com, and enter this book's unique code.

CÓDIGO DEL LIBRO
BOOK CODE

R367102

AV² de Weigl te ofrece enriquecidos libros electrónicos que favorecen el aprendizaje activo. AV² by Weigl brings you media enhanced books that support active learning.

El enriquecido libro electrónico AV² te ofrece una experiencia bilingüe completa entre el inglés y el español para aprender el vocabulario de los dos idiomas.

This AV² media enhanced book gives you a fully bilingual experience between English and Spanish to learn the vocabulary of both languages.

Spanish   **English**

Navegación bilingüe AV²
AV² Bilingual Navigation

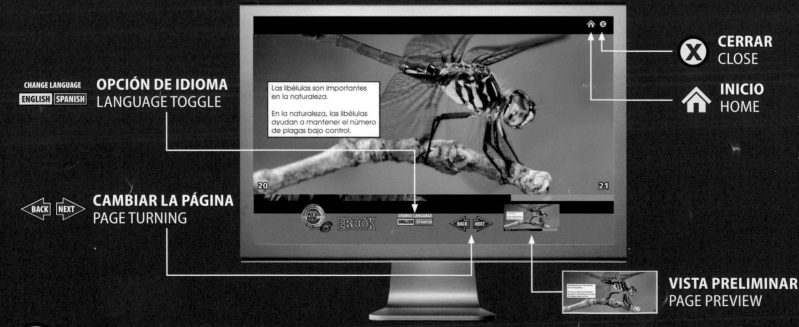

CHANGE LANGUAGE
ENGLISH SPANISH
OPCIÓN DE IDIOMA
LANGUAGE TOGGLE

BACK NEXT
CAMBIAR LA PÁGINA
PAGE TURNING

CERRAR
CLOSE

INICIO
HOME

VISTA PRELIMINAR
PAGE PREVIEW

Las libélulas son importantes en la naturaleza.

En la naturaleza, las libélulas ayudan a mantener el número de plagas bajo control.

Copyright ©2015 AV² de Weigl. Library of Congress Cataloging-in-Publication Data se encuentra en la página 24.
Copyright ©2015 AV² by Weigl. Library of Congress Cataloging-in-Publication Data is located on page 24.

Los saltamontes

CONTENIDO

3

Conoce al saltamontes.

Los saltamontes son insectos pequeños. Pueden ser de muchos colores diferentes.

6

Se pueden encontrar saltamontes en todo el mundo.

En todo el mundo, los saltamontes viven en campos y bosques.

Los saltamontes nacen
al salir de sus huevos.

Cuando salen de sus huevos, los saltamontes son muy pequeños.

Los saltamontes tienen patas largas.

Con sus patas muy largas, los saltamontes pueden saltar muy lejos.

Los saltamontes tienen dos ojos grandes.

Con sus dos ojos grandes, los saltamontes pueden ver todo a su alrededor.

Los saltamontes tienen
dos pares de alas.

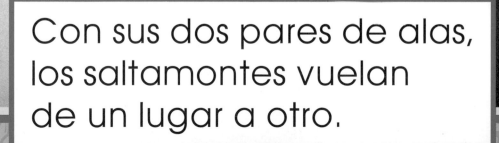

Con sus dos pares de alas,
los saltamontes vuelan
de un lugar a otro.

Los saltamontes frotan sus patas con sus alas.

Frotando sus patas con sus alas, los saltamontes pueden producir sonidos.

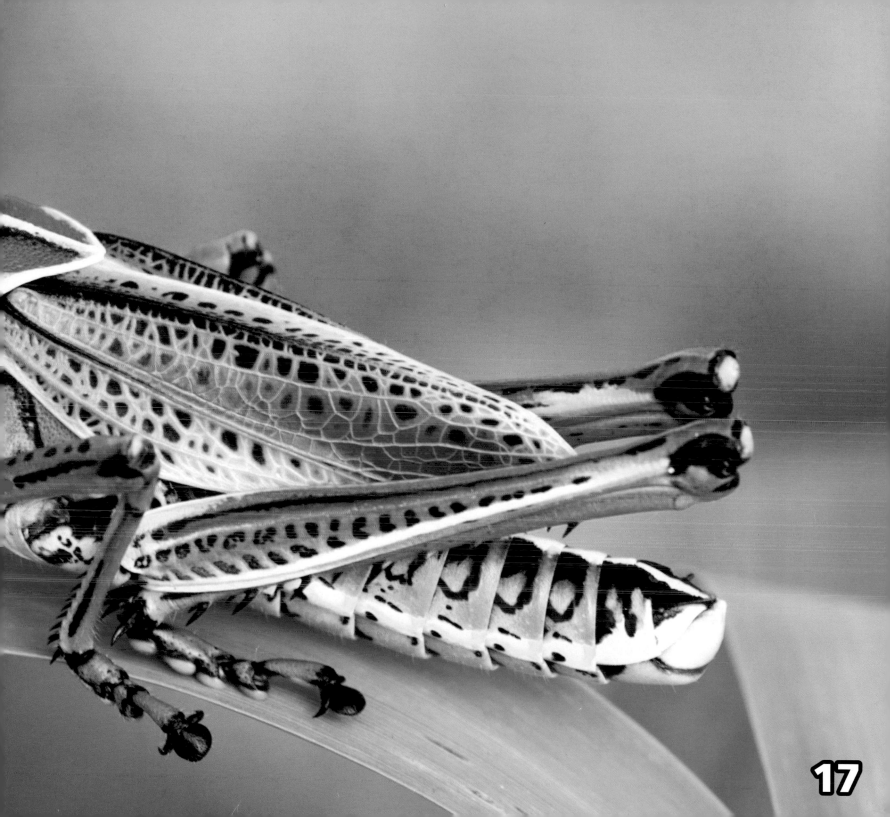

17

Los saltamontes comen plantas.

Comer plantas le brinda a
los saltamontes todo lo que
necesitan para estar saludables.

Los saltamontes son importantes en la naturaleza.

En la naturaleza, los saltamontes ayudan a mantener a las plantas saludables.

DATOS DEL SALTAMONTES

Estas páginas proveen más detalles acerca de los datos interesantes que se encuentran en el libro. Están destinadas a ser utilizadas por adultos como apoyo de aprendizaje para ayudar a los jóvenes lectores con sus conocimientos de cada insecto o arácnido presentado en la serie *Insectos Fascinantes*

Páginas 4–5

Los saltamontes son insectos. Los insectos tienen seis patas articuladas y esqueletos duros, o exoesqueletos, con tres partes: cabeza, tórax y abdomen. El saltamontes tiene agujeros en el tórax, llamados espiráculos, que les permiten respirar. Existen más de 10.000 especies de saltamontes. Pueden medir entre 0,4 y 4 pulgadas (1 a 11 centímetros) de largo. Las hembras suelen ser más largas que los machos. Los saltamontes pueden ser de color verde, verde oliva, rojo, marrón o negro. A veces tienen marcas amarillas o verdes.

Páginas 6–7

Se pueden encontrar saltamontes en todo el mundo. Viven en una gran variedad de hábitats alrededor del mundo. Se pueden encontrar saltamontes en todos los continentes excepto en la Antártida. Viven en bosques tropicales y templados, praderas e incluso áreas de estepa cerca de desiertos. Algunos saltamontes se han adaptado a hábitats especiales. Una especie de saltamontes de Sudamérica vive sobre plantas flotantes y nada para poner sus huevos.

Páginas 8–9

Los saltamontes nacen al salir de sus huevos.
Los saltamontes ponen huevos en el verano y éstos eclosionan en la siguiente primavera. Los saltamontes recién nacidos se llaman ninfas. Se parecen a los saltamontes adultos, pero son pequeños y no tienen alas. Entre 5 y 10 días las ninfas aumentan su tamaño y mudan, o cambian su piel, de 5 a 6 veces. A los 30 días se forman las alas y el saltamontes ya es adulto.

Páginas 10–11

Los saltamontes tienen patas muy largas. Las patas traseras del saltamontes están adaptadas para saltar. La parte superior de las patas traseras tiene músculos grandes y poderosos que permiten que los saltamontes puedan saltar grandes distancias. Un saltamontes puede saltar aproximadamente 20 veces el largo de su cuerpo. Cuando los saltamontes caminan, utilizar sus seis patas.

Páginas 12–13

Los saltamontes tienen dos ojos grandes. Los saltamontes tienen dos ojos grandes orientados hacia adelante que son compuestos. Esto significa que cada ojo está formado por miles de lentes. Es como tener miles de ojos que miran a diferentes direcciones al mismo tiempo. Los saltamontes tienen dos ojos grandes compuestos para poder ver todo a su alrededor. Los saltamontes también tienen tres pequeños ojos simples. Estos ojos solamente pueden percibir cambios de luz y oscuridad.

Páginas 14–15

Los saltamontes tienen dos pares de alas. La mayoría de las especies de saltamontes tienen alas, pero algunos no tienen. De las especies aladas, algunos vuelan muy bien, mientras que otros vuelan mal. Las dos alas frontales son angostas y duras, mientras que las traseras son grandes y más flexibles. Las alas traseras suelen ser de colores vivos. La mayoría de las especies de saltamontes alados pueden volar más rápido de lo que una persona puede correr.

Páginas 16–17

Los saltamontes frotan sus patas con sus alas. Frotando sus patas traseras con sus alas, los saltamontes machos producen zumbidos y gorjeos. Estos sonidos usualmente se pueden escuchar durante la noche en las áreas en las que viven los saltamontes. Los machos emiten estos sonidos para atraer hembras. Dependiendo de la especie, los sonidos se pueden generar frotando rugosidades similares a dientes que se encuentran en las patas traseras contra el ala delantera o frotando las alas entre sí.

Páginas 18–19

Los saltamontes comen plantas. La mayoría de los saltamontes son herbívoros, pero algunos son omnívoros, lo que significa que comen tanto materia vegetal como animal. Las especies herbívoras se alimentan principalmente de pastos, hojas y granos. Algunas especies comen solamente ciertas plantas, mientras que otras comen casi cualquier planta que puedan encontrar. Algunos saltamontes incluso comen alimentos venenosos a los que son inmunes. Esto los protege de ser comidos por animales más grandes. Los saltamontes omnívoros comen una mezcla de plantas e insectos.

Páginas 20–21

Los saltamontes son importantes en la naturaleza. Cumplen un rol importante en sus ecosistemas. Como herbívoros, los saltamontes ayudan a controlar poblaciones de plantas. También ayudan a las plantas a crecer con su excremento, que actúa como fertilizante. Sin embargo, los saltamontes pueden reunirse en grandes grupos y dañar las cosechas de los granjeros. Los granjeros a veces los consideran como plagas.

¡Visita www.av2books.com para disfrutar de tu libro interactivo de inglés y español!

Check out www.av2books.com for your interactive English and Spanish ebook!

1 **Entra en www.av2books.com**
Go to www.av2books.com

2 **Ingresa tu código**
Enter book code

R 3 6 7 1 0 2

3 **¡Alimenta tu imaginación en línea!**
Fuel your imagination online!

www.av2books.com

Published by AV² by Weigl
350 5th Avenue, 59th Floor New York, NY 10118
Website: www.av2books.com   www.weigl.com

Copyright ©2015 AV² by Weigl
All rights reserved. No part of this publication may be reproduced, stored in a retrieval system, or transmitted in any form or by any means, electronic, mechanical, photocopying, recording, or otherwise, without the prior written permission of Weigl Publishers Inc.

Library of Congress Control Number: 2014933097

ISBN 978-1-4896-2087-3 (hardcover)
ISBN 978-1-4896-2088-0 (single-user eBook)
ISBN 978-1-4896-2089-7 (multi-user eBook)

Printed in the United States of America in North Mankato, Minnesota
1 2 3 4 5 6 7 8 9 0 18 17 16 15 14

032014
WEP280314

Project Coordinator: Jared Siemens
Spanish Editor: Translation Cloud LLC
Art Director: Terry Paulhus

Every reasonable effort has been made to trace ownership and to obtain permission to reprint copyright material. The publishers would be pleased to have any errors or omissions brought to their attention so that they may be corrected in subsequent printings.

Weigl acknowledges Getty Images as the primary image supplier for this title.